はじめてでもできる！

小学生がお菓子を
作れるようになる本

りんか　あんな

大和書房

もくじ

第 1 章

何回でも食べたいお菓子たち

見て楽しい
作って楽しい
41品

お店のような
お菓子が自分で
作れちゃう

第2章

お店のようなお菓子を作ってみよう

はじめに

みなさんこんにちは、りんか、あんなです。

たくさんあるお菓子の本のなかから、この本を読んでくださってありがとうございます。
『世界一やさしいレシピ　料理ができる子になる本』に続いて『はじめてでもできる！　小学生がお菓子を作れるようになる本』を完成することができて、すごくうれしいです。

私たちがお菓子を作るようになったきっかけは、お友達が作ってくれたお菓子がとても上手で、「すごくおいしい！　私たちも作ってみたい！」と思ったからです。

最近は、海外の人が作るお菓子作りの番組をよく見ていて、「あっ！このお菓子作りたい！　作ろう！」となることも多いんです。
「少ない材料で作れるお菓子もたくさんあるんだなぁ」と番組ではじめて知って、お菓子作りが大好きになりました。

自分で作ったお菓子は、とくべつおいしいです。
あまりに楽しくて、毎日作りたくなるくらい、夢中になっています。
たまに失敗することもあるけど、何度か挑戦すると必ず成功できる
ようになります。
うまく作れるとうれしくて、「また作りたい！」となるんです。

「お菓子作りって難しそうだな」と思っている方（そこの君♡）へ
……。
材料をそろえて、手順をしっかりと守れば、誰でもおいしく作れる
ようになります。
ぜひ、このレシピから得意なものを見つけてくださいね。

この本でお菓子作りが「楽しい」と思ってもらえたら、うれしいで
す。

2024年1月　りんか　あんな

お菓子作りを
はじめる前に

お菓子を作るために欠かせない、大切なポイントが9つあるよ。
ポイントをおさえたら、作りたいレシピにどんどんチャレンジしよう。

1

レシピを確認して、材料を準備する

まずレシピを最後まで読んで、必要な材料の準備と、完成までのイメージをしてからはじめると、スムーズに作れるよ。

2

包丁を置く場所

包丁を使わないときは、刃を自分と反対向きにして、まな板より奥のほうに置いておこう。

3

バターをとかすときは
電子レンジが便利

バターを耐熱皿に入れて、600W
（ワット）の電子レンジで10〜20
秒温める。かたまりが少し残っ
ているくらいがちょうどいいよ。

4

粉類をふるう

粉のダマがなくなり、つぶの大き
さが均等になるよ。お菓子もふん
わりふくらむんだ。

5

卵を、
卵黄と卵白に分ける

卵を割ったら、卵白だけを器に入
れる。卵黄は、片方のカラからも
う片方のカラに2〜3回移して、
別の器に入れよう。

6

生クリームの泡立て方

クリームを入れたボウルを氷水で冷やしながら泡立てよう。水が入らないように注意してね。すくったときに、逆三角形ができる固さにするのがポイント。

7

混ぜにくいときはふきんと台を用意

ぬらしたふきんをボウルの下にしくと、ガタガタしないので混ぜやすいよ。力をかけたいときは、台の上に乗るのもオススメ。

8

オーブンを予熱する

おいしく焼きあげるためのポイント。予熱の仕方はオーブンによってちがうので、おうちの人に確認しよう。

9

キッチンはすっきりと

料理中に出たゴミや洗い物は、そのつど片付けよう。キッチンをきれいに保っておくと、やる気もアップ。

片付け上手だと好きなことに時間を使えるよ

キッチンが片付いていると、材料や調理道具を探す時間が減って、
お菓子ができあがるまでの時間が短くなるよ。
作りながら片付ければ、食べた後はお皿を洗うだけ！
本を読んだり、ゲームで遊んだり、好きなことをする時間が増えるんだ。

焼いている時間も
好きなことが
できるよ

物を置く場所を
決めておくのが
ポイント

お菓子作りの基本
材料リスト

この本のレシピに登場する材料は、多くがスーパーで手に入るもの。
同じ材料で、いろいろなお菓子が作れるよ。

薄力粉

お菓子作りに向いた小麦粉。

ホットケーキミックス

マフィンやパウンドケーキに。

ココアパウダー

生地をココア味に変身させる。

ベーキングパウダー

別名「ふくらし粉」。お菓子
やパン生地に入れるとガスが
出て生地をふくらませるよ。

上白糖

しっとりさせたいマフィン、
パウンドケーキなどに使うの
がオススメ。

グラニュー糖

ふんわりさせたいスポンジケ
ーキ、シフォンケーキなどに
使おう。

粉ゼラチン

液体を固まらせるよ。

粉砂糖

上からふると粉雪みたい。

アイシングパウダー

水でとかして表面にぬるよ。

無塩バター

お菓子作りはバターをたくさん使うので、しょっぱくならないように無塩を選ぼう。

生クリーム

いくつかの種類があるので、好きな生クリームを使ってね。

ホイップクリーム

生クリームの代わりに使うよ。泡立て作業なしで、すぐにしぼれるタイプが便利。

牛乳

ふだん飲む牛乳を使えばOK。

卵

お菓子作りで大活躍。

レモン汁

レモンの香りづけに使うよ。

チョコレート

お菓子の材料としても優秀。

チョコチップ

クッキーやマフィンに入れて。

チョコペン

絵や文字をかくのに便利。

バニラエッセンス

香りがついておいしさアップ。

食用色素
赤

食紅

お菓子を赤色にそめてくれる。

冷凍パイシート

本格的なパイを手軽に作れる。

100円ショップでも手に入る
調理道具リスト

ふだんの料理では使わない調理道具も登場するお菓子作り。
この本で必要なものは、100円ショップでも買うことができるよ。

ボウル

ステンレスのボウルは電子レンジで使えないよ。ガラスのボウルは電子レンジOK。

ゴムべら

生地をさっくり混ぜるときに使うのがオススメ。工程の後半に登場するよ。

泡立て器

水滴がついていないことを確認してから使おう。工程の前半に登場することが多いよ。

ふるい

ダマが残らないようにするために使おう。液体をこすときにも使えるよ。

計量カップ・計量スプーン

液体は計量カップで、大さじ・小さじは計量スプーンで計るよ。

はかり

細かい単位を計量できるデジタルスケールが便利。器をのせて０gに設定してね。

ハケ

シロップや卵液をぬるときに。

クッキングシート

オーブンの天板にしくよ。

しぼり袋と口金

使い捨てタイプがオススメ。

製氷器
氷だけじゃなくて、ゼリーも作れるよ。

チューブポット
小さなパンケーキが均等に焼けるよ。

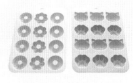

グミ型
冷蔵庫で冷やして固める型だよ。

パウンドケーキ型
長方形で深さがあるよ。18cm×8cm高さ6cmの型。

シフォン型
ふんわりしあがるふしぎな形。直径17cmの型。

スポンジケーキ型
おうちにあればそれを使おう。直径18cmの型。

クッキー型
好きな形のクッキーを作ろう。

マフィン型
形がくずれないのでオススメ。

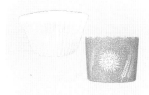

マフィンカップ
お店みたいにかわいくなる。

あると便利な道具

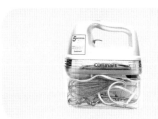

ハンドミキサー
生クリームやメレンゲを泡立てるときに時短になるよ。ない場合は泡立て器でOK。

ラッピング
種類がたくさんあるから、世界にひとつのラッピングができるよ。

この本の使い方

作るときはレシピを開いて、
すぐ見られるようにそばに置いておこう。
決まりごとも忘れずに読んでね。

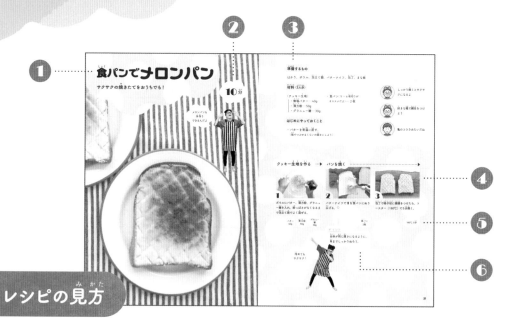

レシピの見方

① レシピの名前

② お菓子を作るのに必要な時間

③ 使う道具・材料・はじめにやっておくこと

④ 作り方

⑤ アイコン
各工程で必要な材料や、焼く時間、冷蔵庫に入れる時間、火の強さはアイコンを確認しよう。

⑥ ポイント
その工程のポイントや、注意してほしいこと

決まりごと

● 調理道具は、きちんと洗って、水気をしっかりふきとったものを使おう。

● 「小さじ1」は、計量スプーンの小さじ1杯分のことで、5ml（ミリリットル）。「大さじ1」は、計量スプーンの大さじ1杯分のことで、15ml。gはグラムと読むよ。

● 「適量」は、自分に合う好きな量、必要だと思う量のこと。分からないときは、おうちの人に聞いてみよう。

● 「弱火」は、火の先が鍋の底にあたらない強さ。「中火」は、火の先が鍋の底に、少しあたっている強さが目安。

● 作るのに必要な時間は目安だよ。使う材料や調理器具によって、変わることもあるよ。

● 焼き時間や、冷蔵庫で冷やし固める時間も目安なので、様子を見ながら調整しよう。

● 果物や野菜を洗う、皮をむく、ヘタをとるなど基本的なことがすんでからの手順をかいています。

● 分量外は材料のほかに用意するものです。

● 電子レンジは、600Wのものを使っているよ。500Wの場合は1.2倍の時間で温めよう。

● 熱いものにさわるときは、やけどをしないように、鍋つかみを使おう。

● 焼く、油であげる、お湯を使うなど、少し難しいところは、おうちの人に手伝ってもらおう。

● ハチミツを使うお菓子は、1才より小さい子にはあげないでね。

第1章

何回でも食べたいお菓子たち

リピートまちがいなしの定番スイーツ。
アレンジもできるから、
そのときの気分で楽しめるよ。

はじめての人でもだいじょうぶ！

どんどんチャレンジしてね〜♪

食べるビー玉

キラキラ光る宝石みたいなゼリー

30分
※冷蔵庫で冷やす
時間を除く

製氷器を使うのはどうして？

きれいな形に作れるからだよ

固めたゼリーをとり出すのも簡単なんだ

ナタデココの
コリッとした
食感が楽しい

準備するもの

計量カップ、計量スプーン、はかり、鍋、泡立て器、
包丁、まな板、製氷器、おたま、耐熱ボウル(重し)

材料(作りやすい量)

- 水…300ml
- 粉寒天…大さじ2
- 上白糖…25g
- レモン汁…小さじ1
- キウイ…½個
- パイナップル(缶詰)…適量
- ミカン(缶詰)…適量
- サクランボ(缶詰)…適量
- ナタデココ…適量

★好きなフルーツを入れよう。
パックに入っているタイプが便利だよ。

> 寒天に味がない
> からフルーツの味が
> 引き立つよ

食べるビー玉を作る

1 鍋に水、粉寒天を入れて、泡立て器で混ぜながら中火で温める。

中火

水 300ml	粉寒天 大さじ2

ポイント
手でさわれる温度まで冷ますことを「粗熱をとる」と言うよ。

2 粉寒天がとけたら、上白糖、レモン汁を加える。沸騰したら火を止めて、粗熱をとる。

中火

上白糖 25g	レモン汁 小さじ1

3 キウイ、パイナップル、ミカンを1cm角に切る。サクランボはそのままで。

キウイ ½個	パイナップル 適量	ミカン 適量

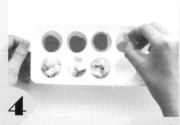

4 3、サクランボ、ナタデココを製氷器の下側に入れる。

サクランボ 適量	ナタデココ 適量

5 2を、おたまで、製氷器からあふれる直前まで注ぎ、製氷器の上側をかぶせる。

6 耐熱ボウルなど、重いものをのせて10分置いたら、冷蔵庫で120分冷やし固める。

冷蔵庫 120分

17

じゃばらポテト

切り方が面白くて、何度も作っちゃう

25分

準備するもの

ピーラー、包丁、まな板、割りばし、ボウル、キッチンペーパー、竹串、あげ物鍋

材料（2人分）

- じゃがいも…2個
- サラダ油…適量
- 塩…適量

★じゃがいもは大きくてまっすぐなものを選ぼう。メイクイーンがオススメだよ。

割りばしを使って切るのはどうして？

下まで切れないから、ポテトがバラバラにならないんだ

じゃがいもが割れないようにやさしく広げてね

じゃがいもを切る

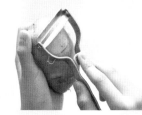

1
ピーラーでじゃがいもの皮をむき、芽をとる。

じゃがいも
2個

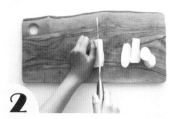

2
丸くふくらんでいる部分をまっすぐ切り落とし、四角い形にする。

ポイント
指をケガしないようにゆっくり切ってね。

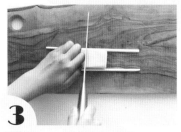

3
写真のように割りばしではさみ、3mm幅で、割りばしに当たるところまで、まっすぐ切る。

4
じゃがいもをひっくり返して、今度は3mm幅で斜めに切る。

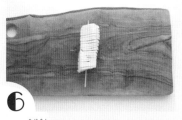

5
4を広げながらボウルの水（分量外）で洗い、キッチンペーパーでふく。

ポイント
水で洗うのは、じゃがいものアクをぬくためだよ。

じゃがいもをあげる

6
5に竹串をさす。じゃがいもをゆっくり引っ張って、すき間を空ける。

ポイント
あげるときに油がはねないように、しっかり水気をとろう。

7
温めたサラダ油で、こんがり色づくまであげ、油を切って塩をふる。

サラダ油　　塩
適量　　　適量

ポイント
鍋の横からスライドさせるように、そっと入れてね。

アレンジアイデア　ポテトチップス

パリッ
パリッ

2で切り落とした部分を、うすく切ってあげると、パリパリのポテトチップスになるよ。

19

クレープ

みんな大好き！お菓子にも軽食にも

30分

準備するもの

はかり、計量スプーン、計量カップ、ふるい、ボウル、耐熱皿、泡立て器、こし器、おたま、ラップ、フライパン、フライ返し

材料（約4枚分）

〈クレープ生地〉
- 薄力粉…60g
- 上白糖…大さじ1
- 卵…1個
- 牛乳…100ml
- 無塩バター…15g

・サラダ油…適量
〈クレープの具材〉
- 無塩バター…適量
- グラニュー糖…適量

はじめにやっておくこと

- 薄力粉をふるう。
- 卵をとく。
- バターを耐熱皿に入れて、電子レンジ（600W）で10〜20秒温める。

生地を作る

1 ボウルに薄力粉、上白糖、卵を入れ、泡立て器で粉っぽさがなくなるまで混ぜる。

薄力粉 60g	上白糖 大さじ1	卵 1個

2 牛乳を少しずつ加えながら混ぜ合わせる。

牛乳 100ml

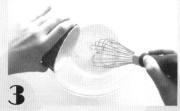

3 とかしたバターを加えて、よく混ぜる。

バター 15g

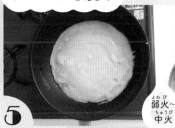

4 こし器でこしたら、ラップをして冷蔵庫で20分冷やす。

冷蔵庫 20分

ポイント
ダマが残らないように必ずこしてね。

クレープを焼く

5 フライパンにサラダ油をひき、おたま半分くらいの生地を入れ、おたまの底でうすくのばす。

弱火〜中火

サラダ油 適量

6 全体が固まってきたら、フライ返しでひっくり返して裏面を焼く。残りの生地も同じように焼く。

弱火〜中火

ポイント
生地がフライパンにつくときはサラダ油を足してもOK。

トッピング

7 焼きあがった生地を折りたたみ、バターをのせて、グラニュー糖をふりかける。

バター 適量	グラニュー糖 適量

 生地がやぶけちゃいそう

 少しやぶけても折りたたむからだいじょうぶだよ

 ゆっくりひっくり返せばうまくいくよ

フルーツクレープ

フルーツとクリームをたっぷりまこう

40分
※カスタードクリームを
作る時間を除く

準備するもの

皿、包丁、まな板

材料（1人分）

・クレープ … 1枚（20〜21ページの**1**〜**6**と
　同じようにクレープを焼く）
〈クレープの具材〉
　・62〜65ページのカスタードクリーム … 適量
　・ホイップクリーム … 適量
　・イチゴ（好きなフルーツ） … 1個

ホイップクリームか生
クリームで作るよ

生クリームは泡立てる
のがたいへんそう……

泡立てずみのホイップ
クリームも売ってるよ

トッピング ···································▶

1

冷ましたクレープをお皿に広げる。

クレープ
1枚

2

カスタードクリーム、ホイップクリーム、切ったイチゴをのせて折りたたむ。

カスタードクリーム
適量

ホイップクリーム
適量

イチゴ
1個

バニラアイス
をのせると
最高！

おかずクレープ

ツナと野菜でおいしいランチ

準備するもの

皿、スプーン

40分

大きい具から
重ねるのが
ポイントだよ

材料（1人分）

・クレープ…1枚
（20～21ページの❶～❻と
同じようにクレープを焼く）

〈クレープの具材〉
・レタス…適量
・スライスチーズ…1枚
・ツナ…適量
・マヨネーズ…適量

トッピング ➤

1
クレープをお皿に広げる。

2
レタス、スライスチーズ、ツナをの
せ、マヨネーズをかけて折りたたむ。

クレープ
1枚

レタス
適量

スライス
チーズ
1枚

ツナ
適量

マヨネーズ
適量

ツナの代わりにゆでたさ
さみもオススメだよ

それ食べてみたいな

お腹いっぱいになれる
よ

グミ

世界で1つ、自分だけのグミなんだ！

イチゴ味の
シロップで
作ってみたよ

24

準備するもの

計量スプーン、はかり、ハケ、耐熱ボウル、
スプーン、グミ型

材料（作りやすい量）

- かき氷シロップ（甘味料が入っているもの）
  …大さじ6
- レモン汁…小さじ2
- 粉ゼラチン…10g
- 水…大さじ2

グミ型に油をぬるのは
どうして？

固めた後に、型から外
しやすくするためだよ

ぬらないとボロボロに
なっちゃうんだ

グミを作る

1
ハケで、グミ型にサラダ油（分量
外）をぬる。

ポイント
油をぬりすぎると表面がかた
くなるから気をつけてね。

2
耐熱ボウルに、かき氷シロップ、レ
モン汁、粉ゼラチン、水を入れてス
プーンで混ぜ合わせる。

かき氷シロップ 大さじ6	レモン汁 小さじ2	粉ゼラチン 10g	水 大さじ2

3
ラップをせずに電子レンジ（600W）
で40〜50秒温め、スプーンで軽く
混ぜる。

600W
40〜50秒

4
3を、手早くグミ型に流し入れ、冷
蔵庫で120分冷やす。

冷蔵庫 120分

グミ型は
小さい方が
固まりやすいよ

グミチョコ

グミも味変ができるんです

準備するもの

鍋、耐熱ボウル、
ゴムべら、皿

材料（作りやすい量）

・グミ…適量
（24〜25ページの **1**〜**4** と同じように
グミを作る）
・ミルクチョコレート… 2枚

グミをすばやくチョコ
につけるのがポイント
だよ

すばやくつけないとど
うなるの？

グミがチョコの熱さで
とけちゃうんだ

グミをコーティングする

1

チョコレートを耐熱ボウルに入れ、
湯（分量外）を入れた鍋に重ね、
湯せんでとかす。

ミルク
チョコレート
2枚

ポイント

耐熱ボウルの中に、お湯が入
らないように気をつけよう。

2

グミを **1** につけて、お皿に置き、冷
蔵庫で20分冷やす。

グミ
適量　　冷蔵庫 20分

チョコペンを
使っても
OK！

グミをとかしたアメ

おどろくほど簡単に作れる

準備するもの

クッキングシート、竹串

材料（作りやすい量）

・グミ（ハリボーなど市販品）…適量

はじめにやっておくこと

・天板にクッキングシートをしく。

10分
※冷凍庫で冷やす
時間を除く

一口目がパリッ
二口目は水アメ
みたいだよ

アメを作る ·················▶

1
天板にグミを4つずつ並べ、電子レンジ（600W）で4分〜4分30秒 温める。

グミ	600W
適量	4分〜4分30秒

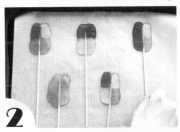

2
グミがとけたら、竹串をさして冷凍庫で10分冷やす。

冷凍庫 10分

カラフルできれいだね！

ちがう色をとなりに並べるのがポイントだよ

とけやすいからしっかり冷やしてね

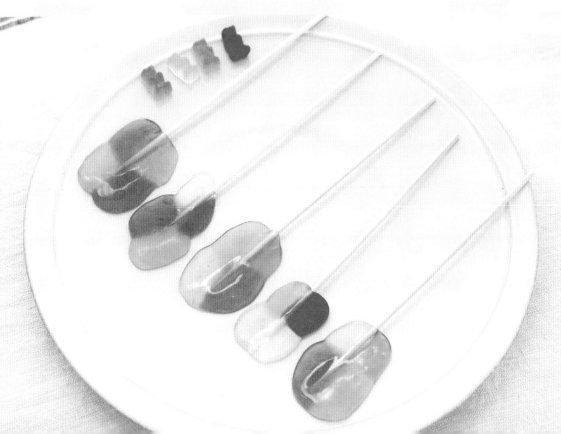

フレンチトースト

ふわっ&じゅわっと口の中でとろける

20分

※冷蔵庫でねかせる
時間を除く

ジャムを
のせても
いいね！

準備するもの

計量カップ、はかり、タッパー、はし、
フライパン、フライ返し

材料（1人分）

- 卵…1個
- 牛乳…150ml
- バニラエッセンス（あれば）…3滴
- 食パン…1枚（5枚切りがオススメだよ）
- 無塩バター…10g
- メープルシロップ…適量
- 粉砂糖…適量

 どうして冷蔵庫に入れるの？

 パンに液を染みこませるためだよ

 ひたした液がなくなったら焼く合図

パンをひたす

1 タッパーに卵、牛乳、バニラエッセンスを入れ、はしでかき混ぜる。

| 卵 1個 | 牛乳 150ml | バニラエッセンス 3滴 |

2 食パンを**1**にひたし、フタをして冷蔵庫でねかせる。10分後に裏返して、さらに10分ねかせる。

| 食パン 1枚 | 冷蔵庫 20分 |

ポイント

翌朝に食べたいときは、裏返してそのまま一晩置けばOK！

フレンチトーストを焼く

3 中火
フライパンにバターを入れ、焼き色がつくまで中火でじっくり焼く。

| バター 10g |

4 中火
フライ返しでひっくり返して裏面も焼き、お皿に移して、メープルシロップと粉砂糖をかける。

| メープルシロップ 適量 | 粉砂糖 適量 |

厚めのパンだと液が染みこんでおいしくなるよ

29

食パンでメロンパン

サクサクの焼きたてをおうちでも！

10分

メロンパンも
手作り
できるんだよ

準備するもの

はかり、ボウル、泡立て器、バターナイフ、包丁、まな板

材料（2人分）

〈クッキー生地〉
- ・無塩バター…40g
- ・薄力粉…50g
- ・グラニュー糖…30g

・食パン（5〜6枚切りが
　オススメだよ）…2枚

はじめにやっておくこと

・バターを常温に戻す。
　（指でつぶせるくらいの固さにしよう）

しっかり焼くとサクサクになるよ

好きな幅で網目をつけよう

亀のコウラみたいだね

クッキー生地を作る　…▶　パンを焼く　……………………………▶

1

ボウルにバター、薄力粉、グラニュー糖を入れ、粉っぽさがなくなるまで泡立て器でよく混ぜる。

バター 40g	薄力粉 50g	グラニュー糖 30g

冷めても
サクサク！

2

バターナイフで**1**を食パンにぬり広げる。

食パン
2枚

ポイント
全体が同じ厚さになるように、角までしっかりぬろう。

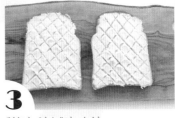

3

包丁で格子状に模様をつけたら、トースター（180℃）で5分焼く。

180℃ 5分

クランチチョコ

みんな大好きザクザク食感

プレゼントに
してもいいね！

32

準備するもの

はかり、ビニール袋、めん棒、耐熱ボウル、鍋、ゴムべら、スプーン、計量スプーン、皿

材料（作りやすい量）

〈クランチチョコ〉
・コーンフレーク…60g
・ミルクチョコレート…2枚

〈ホワイトクランチチョコ〉
・コーンフレーク…60g
・ホワイトチョコレート…2枚

コーンフレークを細かくしすぎると、固まりにくくなるよ

でも、しっかりくだかないと丸められないんだ

コーンフレークは大きすぎず、小さくしすぎずがポイントなんだね

クランチチョコを作る

1
コーンフレークを、ビニール袋に入れてめん棒でくだき、細かくする。

> コーンフレーク 60g

2
耐熱ボウルにミルクチョコレートを割り入れ、26ページの**1**のように湯せんしてとかす。

> ミルクチョコレート 2枚

3
とけたら、**1**を加えてスプーンで混ぜる。

計量スプーンの大さじで作るといいサイズ！

4
スプーンですくってまとめ、お皿にのせて、冷蔵庫で10分冷やし固める。

> 冷蔵庫 10分

5
ホワイトチョコレートでも、同じように**1**～**4**をくり返す。

> コーンフレーク 60g　ホワイトチョコレート 2枚

2色クッキー

やさしいあまさに手が止まらない

40分
※冷蔵庫で冷やす
時間を除く

  どうして生地を冷やすの？

  生地が固まって、型ぬきがしやすくなるんだ

  手のひらで型をグッと押すのがポイント

焼きたては
サクッ
ホクッ

準備するもの

はかり、ふるい、クッキングシート、ボウル、ゴムべら、ラップ、まな板、めん棒、クッキー型

材料（作りやすい量）

- 無塩バター…120g
- 上白糖…120g
- 塩…ひとつまみ
- 卵黄…2個分

〈プレーン〉
| ・薄力粉…100g

〈ココア〉
| ・薄力粉…90g
| ・ココアパウダー…10g

はじめにやっておくこと

- バターを常温に戻す。
- 卵を、卵黄と卵白に分け（7ページ）、卵黄をとく。
- 薄力粉とココアパウダーをふるう。
- 天板にクッキングシートをしく。
- オーブンを170℃に予熱する。

生地を作る ···

1 バター、上白糖、塩をボウルに入れ、白っぽくなるまで、ゴムべらで混ぜる。

バター
120g

上白糖
120g

塩
ひとつまみ

2 1に卵黄を2回に分けて加え、そのつどよく混ぜる。

卵黄
2個分

3 生地を2つに分ける。片方に薄力粉、もう片方に薄力粉とココアパウダーを加えて、ゴムべらで混ぜる。

薄力粉
100g

薄力粉
90g

ココア
パウダー
10g

生地を焼く ···

4 生地をそれぞれまとめたら、ラップで包み、冷蔵庫で60分冷やす。

冷蔵庫60分

ポイント

生地が乾燥しないように、空気をしっかりぬいて包もう。

5 打ち粉（分量外）をふり、めん棒で5mmの厚さになるようにのばす。

ポイント

打ち粉（薄力粉）は、生地が台にくっつかないようにするための粉だよ。

6 のばした生地を、クッキー型で型ぬきし、天板に並べ、オーブン（170℃）で15分焼く。

170℃ 15分

アイスボックス
クッキー

2つの味が一度に楽しめる

40分
※冷蔵庫で冷やす
時間を除く

生地の重ね方を変える
と模様が変わるよ

きれいな模様にできる
かな

冷蔵庫で冷やす前に形
を確認すればだいじょ
うぶ！

準備するもの

クッキングシート、まな板、ラップ、包丁

材料（作りやすい量）

- クッキーの生地…2種類
  （34〜35ページの**1**〜**4**と同じように
  2種類の生地を作る）

はじめにやっておくこと

- 天板にクッキングシートをしく。
- オーブンを170℃に予熱する。

生地を作る ・・・・・・・・・・・・・・・・・・・・・・・・・・・・・・・・・・

1
クッキー生地を、それぞれ2つに分ける。

クッキー
生地
2種類

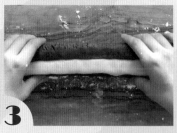

2
打ち粉（分量外）をふり、**1**を2cm角の棒状にのばす。

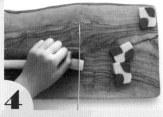

3
2を写真のように重ねて、ラップで包み、冷蔵庫で60分冷やす。

冷蔵庫 60分

ポイント

生地が乾燥しないように、空気をしっかりぬいて包もう。

生地を焼く ・・・・・・・・・▶

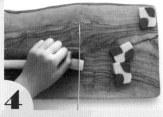

4
3を1cmくらいの厚さに切り、天板に並べ、オーブン（170℃）で15分焼く。

170℃ 15分

1cmの厚さに
切るから
サクサク

アイシングクッキー

クッキーがキャンバス！ 自由にかこう

10分
※クッキーを作る時間を除く

チョコペンは温めると描きやすいよ

クッキーのフチからアイシングするのがポイント

絵をかいているみたいだね

冷ましたクッキーにアイシングすると、すぐに固まるよ

準備するもの

スプーン、
アイシング用コルネ袋、
鍋

材料（作りやすい量）

・アイシングパウダー…適量
・水…適量
・クッキー…適量
（34〜35ページの**1**〜**6**と
同じようにクッキーを焼く）
・チョコペン…適量

クッキーにアイシングをする ▶

1
アイシングパウダーと水を、スプーンで混ぜ合わせる。

アイシングパウダー
適量

水
適量

2
1をコルネ袋に入れて、クッキーの表面にしぼる。

クッキー
適量

3
アイシングがかわいたら、湯（分量外）を入れた鍋で温めたチョコペンで、模様をつける。

チョコペン
適量

マシュマロ サンドクッキー

口の中でふわりととろける

材料（作りやすい量）

- クッキー…適量
  （34〜35ページの **1**〜**6** と
  同じようにクッキーを焼く）
- マシュマロ…適量

クッキーにマシュマロをはさむ

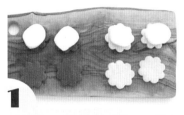

1

クッキーにマシュマロをのせ、電子
レンジ（600W）で20秒温め、もう
1枚のクッキーではさむ。

| クッキー 適量 | マシュマロ 適量 | 600W 20秒 |

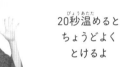

5分

※クッキーを作る
時間を除く

20秒温めると
ちょうどよく
とけるよ

マシュマロがとろけてお
いしいよ

見た目もかわいいね

ラッピングするのもオ
ススメだよ

39

ビスキュイ

サクサクほろほろメレンゲのお菓子

30分

メレンゲを作るのははじめて。難しそう

グラニュー糖を分けて入れれば、失敗しないよ

一度に入れると、泡立たなくなっちゃうんだ

アイスクリームと食べてもおいしいね

準備するもの

はかり、ふるい、クッキングシート、ボウル、泡立て器、ゴムべら、しぼり袋

材料（作りやすい量）

〈メレンゲ〉
- 卵白… 2個分
- グラニュー糖…30g
- 卵黄… 2個分
- グラニュー糖…30g

- 薄力粉…60g
- 粉砂糖…適量

はじめにやっておくこと

- 卵を、卵黄と卵白に分ける（7ページ）。
- 薄力粉をふるう。
- 天板にクッキングシートをしく。
- オーブンを180℃に予熱しておく。

生地を作る

1
卵白をボウルに入れ、軽く混ぜる。グラニュー糖を3回に分けて加え、そのつどよく混ぜる。

卵白 2個分　グラニュー糖 30g

ポイント
卵白が立つ固さになればOK。これをメレンゲと言うよ。

2
別のボウルに卵黄とグラニュー糖を入れて、白っぽくなるまでしっかり混ぜる。

卵白 2個分　グラニュー糖 30g

3
1を、2回に分けて2に加え、ゴムべらで軽く混ぜる。

生地を焼く

4
薄力粉を加え、粉っぽさがなくなるまで、さっくりと混ぜる。

薄力粉 60g

ポイント
混ぜすぎないようにしよう！

5
4をしぼり袋に入れ、天板に、数字の1をかくようにしぼる。最後は少し折り返すときれいに仕上がる！

6
粉砂糖をふりかけたら、オーブン（180℃）で12分焼く。

180℃ 12分

春のパーティー メニュー

ぽかぽかして気持ちがいい春。
おうちパーティーはもちろん、
お花見にもピッタリな
お菓子を選んだよ！

サクラを
見ながら食べると
楽しいよ

私は
花よりお菓子

前の日

午前

8：00 準備スタート！
大きな大きなプリンを作りはじめる

8：25 プリンを焼く
焼いている間に
水ようかんを作りはじめる

8：45 水ようかんを冷蔵庫に入れて、
冷やし固める

9：10 プリンが焼きあがる
冷蔵庫に入れて冷やしておく

大きな大きな
プリン
▶ 76ページ

パーティーの日

午前

11：30 みたらし団子を作りはじめる

午後

12：00 みたらし団子の完成

12：30 プリンと水ようかんを
型から外して完成

1：00 パーティースタート！

水ようかん
▶ 56ページ

みたらし団子
▶ 54ページ

夏のパーティーメニュー

夏は
ひんやりしたものを
食べたいよね

透明な
お菓子で
すずしくなろう

夏休みは
お友達に会える時間が減っちゃうけど、
みんなをさそってお菓子を食べて、
忘れられない思い出を作ろう！

前の日

午前
- **9：00** 準備スタート！
透明ケーキを作りはじめる

- **9：10** 透明ケーキを
冷蔵庫に入れて、冷やし固める

透明ケーキ
▶ 60ページ

パーティーの日

午後
- **1：00** アイスボックスクッキーを
作りはじめる

- **1：30** クッキー生地を冷蔵庫で冷やす

- **2：30** クッキー生地を焼く

- **2：45** アイスボックスクッキーの完成

アイスボックス
クッキー
▶ 36ページ

- **3：00** 食べるビー玉を作りはじめる

- **3：30** 食べるビー玉を冷蔵庫に入れて、
冷やし固める

- **5：30** 食べるビー玉と透明ケーキを
型から外して完成

- **6：00** パーティースタート！

食べるビー玉
▶ 16ページ

ホットケーキミックスで作る
チョコチップマフィン

ボウルひとつでできるお手軽レシピ

40分

 ホットケーキミックスを
使うのはどうして？

 薄力粉を使うレシピよ
りも、材料が少なくて
いいからだよ

 混ぜる回数も減るから、
早くできあがるんだ

チョコが
たっぷりだと
おいしいよ

準備するもの

計量スプーン、はかり、耐熱皿、ボウル、泡立て器、スプーン、マフィンカップ

材料（マフィンカップ4～6個分）

- 卵…1個
- 牛乳…大さじ2
- 上白糖…大さじ2
- ホットケーキミックス…150g
- 無塩バター…40g
- チョコチップ…50g

はじめにやっておくこと

- バターを耐熱皿に入れて、電子レンジ（600W）で10～20秒温める。
- オーブンを180℃に予熱する。

生地を作る ···

1
ボウルに卵、牛乳、上白糖を入れ、泡立て器でかき混ぜる。

卵	牛乳	上白糖
1個	大さじ2	大さじ2

2
ホットケーキミックスを加え、粉っぽさがなくなるまで泡立て器で混ぜる。

ホットケーキ
ミックス
150g

3
バターを加え、泡立て器でよく混ぜる。

バター
40g

····························▶ ## 生地を焼く ············▶

4
チョコチップを加え、スプーンでさっくりと混ぜる。

チョコ
チップ
50g

5
マフィンカップに**4**を入れ、オーブン（180℃）で25～30分焼く。

180℃
25～30分

生地はカップの
八分目まで
入れよう

ココア×
ホワイトチョコの
マフィン

とろけるチョコとココアの香り

40分

相性ばっちりの
組み合わせ！

46

準備するもの

計量スプーン、はかり、ふるい、マフィン型、マフィンカップ、ボウル、ゴムべら、スプーン

材料（マフィンカップ4〜6個分）

- マフィン生地…適量
  （44〜45ページの**1**〜**3**と同じようにマフィンの生地を作る）
- ココアパウダー…大さじ2
- ホワイトチョコ…100g

はじめにやっておくこと

- ココアパウダーをふるう。
- マフィン型に、マフィンカップをしく。
- オーブンを180℃に予熱する。

 ホワイトチョコを真ん中に入れているよ

 トロッととろけるのがお気に入り

 食べるのが楽しみになるね

生地を作る ⋯⋯⋯⋯⋯⋯⋯▶

1
マフィン生地にココアパウダーを加え、粉っぽさがなくなるまで混ぜる。

マフィン生地 適量	ココアパウダー 大さじ2

ポイント
生地がかたいときは、牛乳を足して調整しよう。

2
ホワイトチョコ半量を加え、ゴムべらで軽く混ぜる。

ホワイトチョコ 50g

生地を焼く ⋯⋯⋯⋯⋯⋯⋯▶

3
スプーンで**2**をマフィンカップに入れ、ホワイトチョコをのせ、オーブン（180℃）で30分焼く。

ホワイトチョコ 50g	180℃ 30分

材料を混ぜて焼けば完成！

バナナのマフィン

熟したバナナでさらにしっとり

50分

生地にバナナを
練りこむから
風味がいいよ！

準備するもの

マフィン型、マフィンカップ、包丁、まな板、
ボウル、フォーク、ゴムべら、スプーン

材料（マフィンカップ4〜6個分）

・バナナ…2本
・マフィン生地…適量
（44〜45ページの**1**〜**3**と同じようにマフィンの生地を作る）

はじめにやっておくこと

・マフィン型に、マフィンカップをしく。
・オーブンを180℃に予熱する。

バナナのいい香りがするね

熟したバナナで作ると甘くなるよ

黒い斑点が熟したサインだよ

生地を作る

1
バナナ½本分を、かざり用に18枚くらい、包丁でうすく切る。

バナナ
½本

2
バナナ1と½本分をボウルに入れ、フォークでつぶす。

バナナ
1と½本

3
マフィン生地に**2**を加え、ゴムべらでさっくりと混ぜる。

マフィン
生地
適量

生地を焼く

4
スプーンで、**3**をマフィンカップに入れ、**1**をのせたら、オーブン（180℃）で25〜30分焼く。

180℃ 25〜30分

バナナは
好きな厚さに
切ろう

レッドベルベット マフィン

あざやかな赤色が目を引くスイーツ

チーズクリームが大人の味♪

60分

準備するもの

はかり、計量カップ、計量スプーン、ふるい、マフィン型、マフィンカップ、
ボウル、泡立て器、包丁、まな板、しぼり袋

材料（マフィンカップ4〜6個分）

- 卵… 1個
- 上白糖…80g
- サラダ油…80ml
- 牛乳…60ml

- 食紅… 小さじ½
- レモン汁(酢)… 小さじ½
- 薄力粉…80g
- ココアパウダー… 大さじ1
- ベーキングパウダー…小さじ½

〈チーズクリーム〉

- クリームチーズ…100g
- 無塩バター…30g
- 粉砂糖…60g
  （チーズが苦手な人は、生クリームでもOK）

はじめにやっておくこと

- 薄力粉、ココアパウダー、
  ベーキングパウダーを合わせて、ふるう。
- バター、クリームチーズを常温に戻す。

- マフィン型に、マフィンカップをしく。
- オーブンを170℃に予熱する。

生地を作る

1 卵、上白糖をボウルに入れ、泡立て器で白っぽくなるまで混ぜる。

卵	上白糖
1個	80g

2 サラダ油、牛乳を加え、なめらかになるまで混ぜる。

サラダ油	牛乳
80ml	60ml

3 食紅、レモン汁を加え、しっかり混ぜる。

食紅	レモン汁
小さじ½	小さじ½

4 薄力粉、ココアパウダー、ベーキングパウダーを加え、泡立て器で粉っぽさがなくなるまで混ぜる。

薄力粉	ココアパウダー	ベーキングパウダー
80g	大さじ1	小さじ½

生地を焼く

5 4をマフィンカップに流し入れ、オーブン（170℃）で25分焼く。

170℃ 25分

チーズクリームを作る

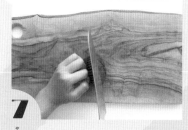

6 ボウルにクリームチーズ、バター、粉砂糖を入れ、クリーム状になるまで泡立て器で混ぜる。

クリームチーズ	バター	粉砂糖
100g	30g	60g

トッピング

7 焼きあがったマフィンの、ふくらんだ部分を包丁で切り、手で細かくほぐす。

8 6をしぼり袋に入れ、冷ましたマフィンの上にしぼり、7をのせる。

レッドベルベット!? どんな味なんだろう？

食べてびっくり！ 赤いのにココアの味がするんだ

ホイップクリームも合うよ

プレゼント用に ラッピングを しよう

手作りお菓子は、家族や友達に
プレゼントするのも楽しみのひとつ。
どれも簡単にできるから、
みんなもいっしょにやってみよう！

お菓子の形と大きさに合わせて、箱や袋を選ぶ
と、ラッピングがしやすいよ。プレゼントする
相手の好きな色や、その季節に合わせたデザイ
ンを選ぶのもオススメ。メッセージカードをそ
えたら、さらに気持ちが伝わるね。

リボンを
つけると
かわいさアップ

シールを
はるのが
オススメだよ

形を
くずさないように
ゆっくり入れよう

いろいろな
ラッピングの
やり方があるよ

第2章

お店のような お菓子を 作ってみよう

ショーケースに並ぶオシャレなお菓子たち。
本格的なお菓子は工程が多いけれど、ひと手順ずつ、
ていねいに作れば、はじめてでも心配いらないよ。
あこがれのケーキにチャレンジしてみよう!

作れば作るほど
じょうずに
なるよ!

みんなを
びっくり
させちゃおう!

みたらし団子

混ぜて、丸めて、ゆでるだけ

30分

大きめの
お団子で
満足感アップ♪

準備するもの

はかり、計量スプーン、キッチンペーパー、
ボウル、ゴムべら、鍋、竹串、耐熱皿、スプーン

材料（作りやすい量）

- 絹ごしどうふ…200g
- 片栗粉…150g
- しょうゆ…小さじ2
- ハチミツ…50g

はじめにやっておくこと

- キッチンペーパーで絹ごしどうふの水切りをする。

とうふの水切りをするのはどうして？

水分が多いと丸めにくいからだよ

時間がたっても、もちもちなんだ

団子を作る

1 ボウルに絹ごしどうふを入れ、ゴムべらでつぶしながら混ぜる。

絹ごし
どうふ
200g

2 片栗粉を加えて、粉っぽさがなくなるまで混ぜる。

片栗粉
150g

中火

3 鍋で水（分量外）を沸騰させ、手で丸めた2を入れて、中火で10分ゆでる。

中火 10分

4 団子がういてきたら、さらに1分ゆでてボウルにとり出し、水（分量外）にさらして冷ます。

---

5 キッチンペーパーで水気を切った4を、3個ずつ竹串にさす。

<u>ポイント</u>
1歳より小さい子にハチミツはあげないでね。

みたらしを作る

6 耐熱皿にしょうゆ、ハチミツを入れて混ぜ、電子レンジ（600W）で1分温め、冷めたら5にかける。

しょうゆ　ハチミツ　　600W 1分
小さじ2　 50g

水<ruby>みず</ruby>ようかん

つるんとした夏<ruby>なつ</ruby>の和菓子<ruby>わがし</ruby>

20分<ruby>ぷん</ruby>

※冷蔵庫<ruby>れいぞうこ</ruby>で冷<ruby>ひ</ruby>やす
時間<ruby>じかん</ruby>を除<ruby>のぞ</ruby>く

材料<ruby>ざいりょう</ruby>は
たったの
3つだけ!

準備するもの

計量カップ、はかり、耐熱ボウル、ゴムべら、
タッパー、ラップ、竹串

材料（作りやすい量）

- 水…200ml
- 粉寒天…2g
- こしあん（市販のもの）…200g

 型はタッパーじゃなく
てもOK

 お皿にのせるのが大変
そう

 竹串を使うと簡単に外
せるよ

水ようかんを作る

1
耐熱ボウルに水、粉寒天を入れて混
ぜ、電子レンジ（600W）で4分30
秒温める。

| 水 200ml | 粉寒天 2g | 600W 4分30秒 |

2
こしあんを加え、ゴムべらでなめら
かになるまでよく混ぜる。

| こしあん 200g |

3
2をタッパーに流し入れて、粗熱を
とり、ラップをして、冷蔵庫で180
分冷やし固める。

| 冷蔵庫 180分 |

4
冷蔵庫からとり出し、竹串で、タッ
パーと水ようかんの間を1周し、タ
ッパーから外す。

 つぶあんでも
作れるよ

57

スイートポテト

パリッと香ばしい焼き目をつけよう

40分

見た目も
さつまいも
みたい！

準備するもの

はかり、計量カップ、計量スプーン、ピーラー、
包丁、まな板、耐熱ボウル、ラップ、ゴムべら、
アルミカップ、ハケ、鍋つかみ

材料（作りやすい量）

・さつまいも
　…1〜2本（約300g）
・牛乳…60ml
・上白糖…大さじ1と½
・サラダ油…小さじ1
・卵黄…1個分

はじめにやっておくこと

・卵を、卵黄と卵白に分け
（7ページ）、卵黄をとく。
・オーブンを140℃に予熱す
る。

 さつまいものあまさに
ほっこり

 こんがりしていておい
しそう

 卵黄をぬると焼き目が
つくんだよ

生地を作る

1
さつまいもの皮をピーラーでむき、
5mmの厚さの輪切りにしたら、水
（分量外）に20分さらす。

| さつま いも 1〜2本 | 水 20分 |

2
耐熱ボウルに、水気をとった**1**を入
れてラップをかけ、電子レンジ
（600W）で7分温める。

600W 7分

3
2をゴムべらでつぶし、牛乳、上白
糖、サラダ油を加え、なめらかにな
るまで混ぜる。

| 牛乳 60ml | 上白糖 大さじ 1と½ | サラダ油 小さじ1 |

ポイント

やけどに気をつけながら混ぜ
よう。

生地を焼く

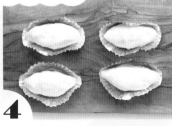

4
3を4等分し、それぞれを俵形にま
とめ、アルミカップにのせる。

5
ハケで卵黄を**4**の表面にぬり、オー
ブントースター（140℃）で5分焼く。

| 卵黄 1個分 | 140℃ 5分 |

透明ケーキ

見た目にすずしいおしゃれスイーツ

10分

※冷蔵庫で冷やす
時間を除く

準備するもの

はかり、計量カップ、耐熱ボウル、泡立て器、ケーキ型、ラップ

材料（作りやすい量）

- 粉ゼラチン…20g
- 水…200ml
- サイダー…400ml

〈トッピング〉
- ホイップクリーム…適量
- サクランボ…適量

すけて反対側が見えるのが面白いね

サイダーで作るから透明感が出るんだよ

使うジュースによって色が変わるんだ

透明ケーキを作る

1 耐熱ボウルに粉ゼラチン、水を入れ、泡立て器でダマがなくなるまで混ぜる。

粉ゼラチン 20g　水 200ml

2 別の耐熱ボウルにサイダーを入れ、電子レンジ（600W）で5分温めたら、泡立て器で混ぜる。

サイダー 400ml　600W 5分

ポイント

フップをしないで温めよう。

3 1を電子レンジ（600W）で1分温めたら、2に加えて混ぜる。

600W 1分

4 ケーキ型に流し入れ、ラップをし、冷蔵庫で6時間冷やし固める。型から外し、最後にトッピングする。

ホイップクリーム 適量　サクランボ 適量　冷蔵庫 6時間

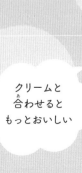
クリームと合わせるともっとおいしい

鍋で作る カスタードクリーム

しっかり混ぜてとろ〜り仕上げる

25分
※冷蔵庫で冷やす
時間を除く

 基本の作り方だよ

 ちゃんとクリームになるかな？

 鍋ですばやく混ぜると、とろみがつくよ

お鍋で作るとふわっとして本格的！

準備するもの

はかり、計量カップ、ふるい、耐熱皿、ボウル、泡立て器、
鍋、ゴムべら、こし器、タッパー（バット）、ラップ

シュークリーム
にはさむときに
ピッタリだよ

材料（作りやすい量）

- 卵黄… 3個分
- グラニュー糖…55g
- 薄力粉…30g
- 牛乳…250ml
- 無塩バター…20g
- バニラエッセンス… 3滴

はじめにやっておくこと

- 卵を、卵黄と卵白に分ける（7ページ）。
- 薄力粉をふるう。
- バターを耐熱皿に入れて、
  電子レンジ（600W）で10〜20秒温める。

カスタードクリームを作る

1
ボウルに卵黄とグラニュー糖を入れて、泡立て器で白っぽくなるまで混ぜる。

卵黄
3個分　　グラニュー
糖
55g

2
薄力粉を加えて混ぜ合わせる。

薄力粉
30g

3
鍋で牛乳を弱火で温め、小さいアワが出てきたら火を止めて、**2**に少しずつ加えながらよく混ぜる。

牛乳
250ml

4
こし器でこして、鍋にもどし、こがさないように泡立て器ですばやく混ぜる。

弱火〜
中火

ポイント
すくったときに、逆三角形ができる固さになればOK。

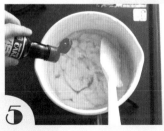

5
火を止め、バターとバニラエッセンスを加えてゴムべらで混ぜる。

バター
20g　　バニラ
エッセンス
3滴

6
タッパー（バット）に入れ、ラップをピッタリとかぶせ、粗熱をとって冷蔵庫で30分冷やす。

冷蔵庫 30分

ポイント
クリームがかわかないように、すぐにラップをしよう。

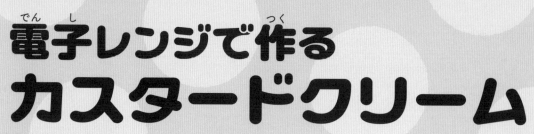

電子レンジで作る
カスタードクリーム

簡単！火を使わないから失敗知らず

15分

※冷蔵庫で冷やす
時間を除く

カスタードクリームの
簡単レシピだよ

どうして2回に分けて
温めるの？

中まで温まるから、ク
リームがなめらかにな
るんだ

鍋で作る
よりも早く
できあがる！

準備するもの

はかり、計量カップ、ふるい、耐熱ボウル、泡立て器、ラップ

ちょっと
かためだから
クレープに◎

材料（作りやすい量）

- 薄力粉…15g
- 上白糖…50g
- 牛乳…200ml
- 卵…1個
- バニラエッセンス…3滴

はじめにやっておくこと

- 薄力粉をふるう。
- 卵をとく。

カスタードクリームを作る

1
耐熱ボウルに薄力粉と上白糖を入れて、泡立て器で混ぜ合わせる。

薄力粉 15g	上白糖 50g

2
牛乳を加え、ダマがなくなるまで混ぜる。

牛乳 200ml

3
しっかり混ざったら卵を加えて、さらによく混ぜる。

卵 1個

4
耐熱ボウルにふんわりとラップをかけ、電子レンジ（600W）で2分温める。

600W 2分

5
とり出したらなめらかになるまで混ぜ、もう一度電子レンジ（600W）で2分温める。

600W 2分

ポイント
ラップを外すときは、やけどに注意してゆっくり外そう。

6
バニラエッセンスを加えて、すばやく混ぜる。とろみがついたら、冷蔵庫で30分冷やす。

バニラエッセンス 3滴	冷蔵庫 30分

ポイント
クリームがかわかないように、すぐにラップをしよう。

シュークリーム

ちゃんとふくらむコツがあるよ！

60分
※カスタードクリームを
作る時間を除く

準備するもの

計量カップ、はかり、ふるい、クッキングシート、鍋、ゴムべら、しぼり袋、
クッキングシート、包丁、まな板

材料（作りやすい量）

〈生地〉
- 水…40ml
- 牛乳…40ml
- 無塩バター…35g
- 塩…ひとつまみ

- 薄力粉…45g
- 卵…2個
- カスタードクリーム…適量
  （62〜65ページの**1**〜**6**と同じように
  カスタードクリームを作る）
- ホイップクリーム…適量

はじめにやっておくこと

- 薄力粉をふるう。
- 卵をとく。

- 天板にクッキングシートをしく。
- オーブンを190℃に予熱する。

シュークリームって難し
そう！ コツはあるの？

生地を水分がなくなる
まで鍋で温めると、よ
くふくらむよ

クリームは、口金を生
地に近づけてしぼるの
がコツだよ

生地を作る

1 中火

鍋に水、牛乳、バター、塩を入れて、ゴムべらで混ぜながら中火で温める。

水	牛乳	バター	塩
40ml	40ml	35g	ひとつまみ

2 中火

沸騰したら火を止め、薄力粉を加える。ゴムべらでよく混ぜたら、まとまるまで中火で温める。

薄力粉
45g

3

火を止めて、卵を3回に分けて加え、そのつどなじむまでしっかり混ぜる。

ポイント

すくったときに逆三角形ができる固さになったらOK！

卵
2個

生地を焼く ▶

4

生地をしぼり袋に入れて、直径4cmくらいの丸になるように、クッキングシートの上にしぼる。

5

指に水をつけて、真ん中を軽く押さえる。

ポイント

生地がよくふくらむようになるんだよ。

6

オーブン（190℃）で25分、割れ目が茶色くなるまで焼く。

190℃ 25分

トッピング ▶

7

焼きあがったシューが冷めたら、横半分に切り分ける。

8

カスタードクリームをしぼり袋に入れて、下側のシューにしぼる。

カスタードクリーム
適量

9

ホイップクリームをしぼり袋に入れ、カスタードクリームの上にしぼり、上側のシューをかぶせる。

ホイップクリーム
適量

ミルフィーユ

クリームはたっぷり、好きなだけ

30分
※カスタードクリームを作る時間を除く

冷凍パイシートを使うのはどうして？

パイ生地を最初から作ると時間がかかっちゃうんだ

すぐに使えて、きれいに焼けるからオススメだよ

横から見たときにきれい！

準備するもの

計量スプーン、クッキングシート、まな板、めん棒、包丁、フォーク、ハケ、しぼり袋、ふるい

材料（作りやすい量）

- 冷凍パイシート…1枚
- 卵黄…1個分
- 水…小さじ1

- カスタードクリーム…適量
  （62〜65ページの**1**〜**6**と同じように
  カスタードクリームを作る）
- 粉砂糖…適量

はじめにやっておくこと

- パイシートを冷凍庫から
  とり出してやわらかくする。
- 卵を、卵白と卵黄に分ける（7ページ）。
- 天板にクッキングシートをしく。
- オーブンを200℃に予熱する。

パイを焼く

1
半分に折りたたんだパイシートを、
めん棒でのばす。3回くり返し、
3mmの厚さにのばす。

パイシート
1枚

ポイント
生地がくっつかないように、
打ち粉（薄力粉）をふろう。

2
1を、縦15cm、横5cmの長方形に
3等分し、フォークで穴を開ける。

ポイント
焼いたときにふくらみにくく
するために穴を開けるよ。

3
卵黄と水を混ぜ合わせ、ムラが出な
いように、ハケで**2**にうすくぬる。

卵黄
1個分

水
小さじ1

▶ トッピング ▶

4
クッキングシートに並べ、オーブン
（200℃）で15分焼いたら、取り出
してまな板におき冷ましておく。

200℃ 15分

5
カスタードクリームをしぼり袋に入
れて、冷ました**4**の上に縦にしぼる。

カスタードクリーム
適量

6
カスタードクリームをしぼったパイ
を重ね、一番上にパイをのせて粉砂
糖をふりかける。

粉砂糖
適量

チョコパイ

かわいくて友達にプレゼントしたくなる！　**25**分

パイが布団になっているんだ

チョコレートがまくらだよ

かわいくて、食べるのがもったいないね

クマさん
おやすみなさい

準備するもの

計量スプーン、クッキングシート、まな板、めん棒、包丁、フォーク、ハケ

材料（作りやすい量）

- ・冷凍パイシート … 1枚
- ・チョコレート … 4個
- ・クマ形のビスケット … 4個
- ・卵黄 … 1個分
- ・水 … 小さじ1

はじめにやっておくこと

- ・パイシートを冷凍庫からとり出してやわらかくする。
- ・天板にクッキングシートをしく。
- ・オーブンを190℃に予熱する。
- ・卵を、卵白と卵黄に分ける（7ページ）。

パイを焼く

1

半分に折りたたんだパイシートを、めん棒でのばす。3回くり返し、3mmの厚さにのばす。

パイシート
1枚

ポイント

生地がくっつかないように、打ち粉（薄力粉）をふろう。

2

1を、縦12cm、横5cmの長方形に4等分し、フォークで穴を開ける。

ポイント

焼いたときにふくらみにくくするために穴を開けるよ。

3

生地の上半分にチョコレートをのせ、その上にクマ形のビスケットを寝かせて置く。

チョコレート　クマ形の
4個　　　　ビスケット
　　　　　　4個

4

写真のように、生地を下から1/3の長さで折り返し、縁をフォークで押さえる。

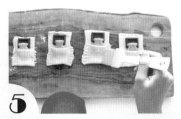

5

卵黄と水を混ぜ合わせ、ハケで4の全体にぬり、オーブン（190℃）で12分焼く。

卵黄　　　水　　　　190℃ 12分
1個分　　小さじ1

焼いても
チョコは
とけないよ

とうふで作る もちもちリング

25分

あげたてを食べられるのは、おうちならでは！

準備するもの

はかり、計量スプーン、キッチンペーパー、クッキングシート、
ボウル、ゴムべら、フライパン、フライ返し、スプーン

材料（4個分）

- 絹ごしどうふ…175~200g
- 白玉粉…50g
- ホットケーキミックス
  …150g
- サラダ油…適量

〈アイシング〉
| ・粉砂糖…25g
| ・水…小さじ1

はじめにやっておくこと

- キッチンペーパーで
  絹ごしどうふの水切りをする。
- クッキングシートを正方形に切っておく。

生地を作る

1 ボウルに絹ごしどうふを入れ、ゴムべらでつぶしながら混ぜる。

> 絹ごし
> どうふ
> 175~200g

2 白玉粉を加えて、粉っぽさがなくなるまで混ぜる。

> 白玉粉
> 50g

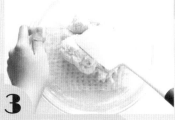

3 ホットケーキミックスを加えたら、生地がまとまるまでよく混ぜる。

> ホットケーキ
> ミックス
> 150g

ポイント

台に乗ったり、テーブルで混ぜたりすると、力が入りやすいよ。ふきんをしくのもオススメ。

生地をあげる

4 生地を4等分したら、好きな量を手のひらで丸め、写真のように、クッキングシートの上に並べる。

ポイント

丸めた生地同士はしっかりくっつけよう。

5 中火

フライパンの底が隠れるくらいまでサラダ油を入れ、温まったら4を入れる。

> サラダ油
> 適量

6 下側が茶色くなったら、クッキングシートをとって裏返し、キツネ色になるまであげる。

アイシングをする

7 ボウルに粉砂糖と水を入れて、なめらかになるまでスプーンでよく混ぜる。

> 粉砂糖
> 25g

> 水
> 小さじ1

8 7をリングの全体にかける。

油に生地を入れるときがちょっとこわいな

フライ返しにのせると入れやすいよ

ゆっくり入れれば、油もはねにくいんだ

シリアルパンケーキ

見た目はシリアル、味はパンケーキ

30分

大きさを
そろえて
焼くのがコツ

準備するもの

計量カップ、はかり、ボウル、泡立て器、チューブポット、スプーン、フライパン、フライ返し、皿

材料（作りやすい量）

〈生地〉
- 卵…1個
- 牛乳…150ml
- ホットケーキミックス…200g

- 無塩バター…10g

〈トッピング〉
- ブルーベリー…適量
- 粉砂糖…適量
- ミント…適量

 チューブポットは何に使うの？

 フライパンに、生地で小さな円を作るときに使うよ

 スプーンを使ってもだいじょうぶだよ！

生地を作る ‥‥‥‥‥‥‥‥‥‥‥‥‥‥▶ 生地を焼く ‥‥‥‥‥

1 ボウルに卵、牛乳を入れ、泡立て器でかき混ぜる。

卵　1個　　牛乳　150ml

2 ホットケーキミックスを加え、粉っぽさがなくなるまで混ぜる。

ホットケーキミックス　200g

3 チューブポットに、スプーンで生地を移し入れる。

4 温めたフライパンにバターを入れ、直径1〜2cmの円になるように、チューブポットで生地をしぼる。

バター　10g

5 弱火でじっくり焼き、ひっくり返して裏面も焼く。

弱火

ポイント
表面に小さなアワが出てきたら、ひっくり返そう。

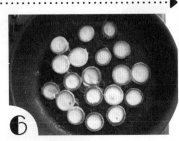

6 裏面も焼き色がついたら、お皿に盛りつけ、ブルーベリー、粉砂糖、ミントをトッピングする。

ブルーベリー　適量　　粉砂糖　適量　　ミント　適量

大きな大きなプリン

食べても食べてもまだあるよ！

70分

※冷蔵庫で冷やす
時間を除く

準備するもの

はかり、計量スプーン、計量カップ、鍋、スプーン、耐熱容器、ボウル、
泡立て器、こし器、ラップ、竹串

材料（作りやすい量）

〈カラメルソース〉
- ・グラニュー糖…80g
- ・熱湯…大さじ2

〈プリン液〉
- ・牛乳…300ml
- ・バニラエッセンス…7滴
- ・卵…3個
- ・上白糖…70g

はじめにやっておくこと

・オーブンを170℃に予熱する。

カラメルソースを作る

1 鍋にグラニュー糖を入れ、弱火で温める。とけて茶色になったら火を止め、熱湯を注ぎスプーンで混ぜる。

弱火

グラニュー糖 80g	熱湯 大さじ2

2 カラメルソースが温かいうちに耐熱容器に入れる。

ポイント
熱湯がはねる場合があるから、やけどに気をつけよう。

プリンを作る

3 鍋に牛乳とバニラエッセンスを入れ、フツフツと小さいアワが出てくるまで弱火で温める。

弱火

牛乳 300ml	バニラエッセンス 7滴

4 ボウルに卵と上白糖を入れて、泡立て器でときほぐし、**3**を少しずつ加えながら混ぜる。

卵 3個	上白糖 70g

5 しっかり混ざったら、こし器でこし、耐熱容器に流し入れる。

ポイント
ダマが残らないように必ずこしてね。

6 天板に熱湯（分量外）を入れて、**5**を置き、表面が固まるまでオーブン（170℃）で45分焼く。

170℃ 45分

ポイント
アルミホイルをかぶせて焼くと、早く固まるよ。

7 粗熱がとれたらラップをして、冷蔵庫で120分冷やす。プリンの縁を竹串で1周し耐熱容器から外す。

冷蔵庫 120分

型から外すときはドキドキするんだ

大きいからくずれちゃいそう

オーブンで焼いて固めているからだいじょうぶだよ

秋のパーティー メニュー

野菜やフルーツがとってもおいしい
食欲の秋。パーティーをしながら、
家族やお友達といっしょに
作るのも楽しいよ！

仮装をしながら
食べると
楽しいよ

アレンジをして
お菓子たちも
仮装させよう

パーティーの日

午後

2:00 準備スタート！
レッドベルベットマフィンを
作りはじめる

2:30 マフィン生地を焼く。
焼いている間に、
チーズクリームを作る

2:45 焼きあがったマフィンに
トッピングをする

3:00 レッドベルベットマフィンの完成

3:10 ナスのパウンドケーキを
作りはじめる

3:50 パウンド生地を焼く

4:30 ナスのパウンドケーキの完成
フルーツモンスターを
作りはじめる

4:50 フルーツモンスターの完成

5:00 パーティースタート！

レッドベルベッド
マフィン
▶ **50ページ**

ナスの
パウンドケーキ
▶ **82ページ**

フルーツ
モンスター
▶ **94ページ**

冬のパーティーメニュー

白くて雪みたいな
お菓子を
選んだよ

ふとんを
かぶったクマが
温かそう

1年に一度のクリスマス！
赤、緑、白のクリスマスカラーで
デコレーションすると、パーティーが盛り上がりそう。

前の日

午後		
7:00	準備スタート！ ズコットケーキを作りはじめる
7:15	スポンジケーキを焼く
7:40	スポンジケーキが焼きあがる。 ズコットケーキの形を作る
8:00	ズコットケーキを 冷蔵庫に入れて冷やす

パーティーの日

午前		
10:00	ガトーショコラを作りはじめる
10:35	ガトーショコラを焼く。 焼いている間に、 チョコパイを作りはじめる
11:20	ガトーショコラが焼きあがる。 トッピングをして完成
11:30	チョコパイを焼く
11:45	焼きあがったらチョコパイの完成。 ズコットケーキを型から外して完成
12:00	パーティースタート！

ズコットケーキ
▶ 90ページ

ガトーショコラ
▶ 88ページ

チョコパイ
▶ 70ページ

ナッツの パウンドケーキ

60分

香ばしいナッツとドライフルーツでおしゃれに

準備するもの

はかり、計量カップ、計量スプーン、ふるい、
パウンド型、クッキングシート、ボウル、
泡立て器、ゴムべら、スプーン

はじめにやっておくこと

・薄力粉とベーキングパウダーをふるう。
・卵をとく。
・バターを常温に戻す。
・パウンド型にクッキングシートをしく。
・オーブンを180℃に予熱する。

材料（1台分）

〈生地〉
・無塩バター…60g
・サラダ油…40ml
・上白糖…80g
・卵…2個
・薄力粉…100g
・ベーキングパウダー…3g
・ナッツ…適量
・ドライフルーツ…適量

〈アイシング〉
・粉砂糖…50g
・水…小さじ2

生地を作る

1 ボウルに、バターとサラダ油を入れて泡立て器でかき混ぜる。

バター
60g　サラダ油
40ml

2 泡立ったら上白糖を加えて、白っぽくなるまでよく混ぜる。

上白糖
80g

3 卵を4回に分けて加え、そのつどすばやく混ぜる。

卵
2個

4 薄力粉とベーキングパウダーを加えたら、ゴムべらでさっくりと混ぜる。

薄力粉
100g　ベーキング
パウダー
3g

5 4にナッツ、ドライフルーツを、かざり用に少し残して加え、軽く混ぜる。

ナッツ
適量　ドライ
フルーツ
適量

生地を焼く

6 パウンド型に5を流し入れ、約3cmの高さから落として空気をぬき、オーブン（180℃）で40分焼く。

180℃ 40分

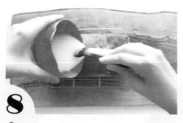

7 粉砂糖と水をスプーンで混ぜて、アイシングを作る。

粉砂糖
50g　水
小さじ2

8 焼きあがった6にアイシングをかけ、すばやく残りのナッツとドライフルーツをのせる。

焼く前に空気をぬくのはどうして？

空気をぬくと、真ん中からきれいにふくらむんだ

ケーキの中に、大きな穴ができるのも防いでくれるよ

ナスの パウンドケーキ

80分

まるで魔法！　ナスがフルーツみたいになるよ!!

ケーキにナスを入れるの!?

ナスがリンゴみたいに変わるんだ

甘くてシャキシャキだよ

82

準備するもの

はかり、計量スプーン、パウンド型、クッキングシート、
ピーラー、包丁、まな板、ボウル、フライパン、ゴムべら

材料（1台分）

- ナス…2本
- 無塩バター…15g
- グラニュー糖…大さじ5
- レモン汁…大さじ2

- パウンドケーキ生地
  …適量
  （80～81ページの**1**～**4**と
  同じように生地を作る）

はじめにやっておくこと

- パウンド型に
  クッキングシートをしく。
- オーブンを180℃に予熱する。

生地を作る ·········▶

1

ピーラーで皮をむいたナスを、1～
2cm角に切り、水（分量外）に10
分さらしてアクをぬく。

| ナス 2本 | 水 10分 |

ポイント

アクぬきをしたら、水気をし
っかりふきとろう。

2 弱火

フライパンに**1**、バター、グラニュ
ー糖、レモン汁を入れて、水気がな
くなるまでゴムべらでいためる。

| バター 15g | グラニュー糖 大さじ5 | レモン汁 大さじ2 |

ナスはいためると
小さくなるから
大きめに切ろう

3

パウンドケーキ生地に、粗熱をとっ
た**2**を加え、ゴムべらでさっくりと
混ぜる。

| パウンドケーキ生地 適量 |

自由研究に
どうぞ！

生地を焼く ········▶

4

3をパウンド型に流し入れ、空気を
ぬき、オーブン（180℃）で40分焼
く。

180℃ 40分

シフォンケーキ

焼きたてふんわり、時間がたつとしっとり

60分

※冷ます時間を除く

準備するもの

はかり、計量カップ、計量スプーン、ふるい、ボウル、泡立て器、ゴムべら、
シフォン型、コップ（ビン）

材料（1台分）

- 卵黄…3個分
- グラニュー糖…30g
- 牛乳…30ml
- サラダ油…30ml
- 薄力粉…80g
- ベーキングパウダー
  …小さじ1
- 〈メレンゲ〉
  - 卵白…4個分
  - グラニュー糖…40g

はじめにやっておくこと

- 卵を、卵黄と卵白に分ける（7ページ）。
- 薄力粉、ベーキングパウダーを
  合わせてふるう。
- シフォン型にサラダ油をぬる。
- オーブンを170℃に予熱する。

生地を作る

1 ボウルに卵黄、グラニュー糖を入れ、泡立て器で白っぽくなるまで混ぜる。

卵黄 3個分	グラニュー糖 30g

2 牛乳、サラダ油を加えて混ぜる。

牛乳 30ml	サラダ油 30ml

3 薄力粉、ベーキングパウダーを加え、粉っぽさがなくなるまで混ぜる。

薄力粉 80g	ベーキングパウダー 小さじ1

4 40～41ページの**1**と同じように、メレンゲを作る。

卵白 4個分	グラニュー糖 40g

5 **3**に、**4**を2回に分けて加え、ゴムべらでさっくり混ぜる。

▶ 生地を焼く

6 シフォン型に**5**を流し入れて、型ごと台に2～3回落として空気をぬき、オーブン（170℃）で40分焼く。

170℃ 40分

さっくり&軽く混ぜることがとっても大事！

7 焼きあがったら、コップ（ビン）の上に逆さまに置いて冷まし、型から外す。

 メレンゲのアワをつぶさないように混ぜよう

 逆さまにして冷ますのはどうして？

 生地がしぼまないようにするためだよ

ショート
ケーキ

とくべつな日に作りたい

60分

 どうしてスポンジケーキにシロップをぬるの？

 生地のしっとり感がアップするんだ

 クリームもぬりやすくなるよ

準備するもの

はかり、計量カップ、ふるい、耐熱皿、ボウル、泡立て器、ゴムべら、
スポンジケーキ型、クッキングシート、竹串、包丁、まな板、スプーン、ハケ、パレットナイフ

材料（1台分）

〈生地〉
- 卵…3個
- グラニュー糖…50g
- 薄力粉…90g
- 無塩バター…20g

〈シロップ〉
- 水…60ml
- グラニュー糖…30g

- ホイップクリーム…適量
- イチゴ…適量
- ブルーベリー…適量
- チャービル…適量

はじめにやっておくこと

- 薄力粉をふるう。
- バターを耐熱皿に入れて、電子レンジ（600W）で10〜20秒温める。
- 型にクッキングシートをしく。
- オーブンを180℃に予熱する。

生地を作る

1

ボウルに卵、グラニュー糖を入れ、泡立て器で白っぽくなるまで混ぜる。

卵
3個

グラニュー糖
50g

ポイント

8の字をかいたときに、あとが残るまで混ぜよう。

2

薄力粉を加えたら、ゴムべらでさっくりと混ぜる。

薄力粉
90g

3

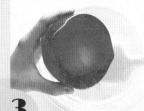

バターを加え、もったりとしたクリーム状になるまでよく混ぜる。

バター
20g

作り方の**1**と**2**がポイント！

生地を焼く

4

3を型に流し入れて型ごと台に2〜3回落とし、オーブン（180℃）で25分焼く。

180℃ 25分

5

生地に竹串をさして、生の生地がついていなければOK（スポンジケーキの完成）。

トッピング

6

型から外してしっかり冷ましたら、スポンジケーキをゆっくりと半分に切る。

7

水とグラニュー糖をスプーンで混ぜてシロップを作り、ハケで**6**に染みこませる。

水
60ml

グラニュー糖
30g

8

片方のスポンジに、ホイップクリームをぬり、イチゴをのせ、もう片方のスポンジを重ねる。

ホイップクリーム
適量

イチゴ
適量

9

クリームで全体をコーティングして、イチゴ、ブルーベリー、チャービルをのせる。

イチゴ
適量

ブルーベリー
適量

チャービル
適量

ガトーショコラ

やさしく混ぜるのがおいしさのコツ

70分

準備するもの

はかり、計量カップ、ふるい、ケーキ型、クッキングシート、耐熱ボウル、鍋、ゴムべら、泡立て器

材料（1台分）

- ミルクチョコレート…100g
- 無塩バター…80g
- 卵黄…4個分
- グラニュー糖…90g
- 生クリーム…85ml
- 薄力粉…25g
- ココアパウダー…60g

〈メレンゲ〉
- 卵白…3個分
- グラニュー糖…85g

〈トッピング〉
- ホイップクリーム…適量
- ミント…適量

はじめにやっておくこと

- 卵を、卵黄と卵白に分ける（7ページ）。
- 薄力粉、ココアパウダーを合わせてふるう。
- ケーキ型にクッキングシートをしく。
- オーブンを180℃に予熱する。

生地を作る

1
耐熱ボウルにミルクチョコレートを割り入れ、湯（分量外）を入れた鍋に重ね、湯せんする。

ミルク
チョコレート
100g

2
とけたら、バターを加えてゴムべらでよく混ぜ、湯せんした状態で置いておく。

バター
80g

3
別のボウルに卵黄、グラニュー糖を入れ、湯せんしながら、白っぽくなるまで混ぜる。

卵黄
4個分　　糖
　　　　90g
グラニュー

4
3を、2回に分けて2に加え、ゴムべらでそのつどよく混ぜる。

5
生クリームを、小さいアワが出るまで鍋で温める。2回に分けて4に加え、そのつどよく混ぜる。

生
クリーム
85g

6
5に薄力粉、ココアパウダーを加え、ツヤが出るまで混ぜる。

薄力粉　　ココア
25g　　　パウダー
　　　　　60g

生地を焼く

7
40〜41ページの1と同じように、メレンゲを作り、3回に分けて6に加えて混ぜ、型に流し入れる。

卵白
3個分　　糖
　　　　85g
グラニュー

8
オーブン（180℃）で45分焼く。竹串を刺して生地がつかないか確認をする。最後にトッピングをする。

180℃ 45分　　ホイップクリーム　　ミント
　　　　　　　適量　　　　　　適量

表面のひび割れは、おいしくできた証だよ

失敗じゃないんだね

真ん中が少しへこんでもだいじょうぶだよ

ズコットケーキ

あこがれのケーキをおうちでも

120分

準備するもの

計量スプーン、はかり、ボウル、スプーン、包丁、まな板、ハケ、ラップ

材料（1台分）

〈シロップ〉
- 水…大さじ4
- グラニュー糖…30g

- スポンジケーキ…1台
  （86〜87ページの**1**〜**5**と同じようにスポンジケーキを焼く）
- イチゴ…適量
- キウイ…適量

- オレンジ…適量
- ホイップクリーム…適量
- ★カスタードクリームでもOK

ズコットケーキを作る

1

水とグラニュー糖をスプーンで混ぜ、シロップを作る。

水
大さじ4

グラニュー糖
30g

2

スポンジケーキを半分の厚さに切り、**1**をハケで染みこませる。

スポンジケーキ
1台

3

2の片方を、写真のように6等分にする。

4

イチゴ、キウイ、オレンジを、半分は輪切りに、もう半分は好きな大きさに切る。

イチゴ
適量

キウイ
適量

オレンジ
適量

5

ボウルにラップをしき、輪切りにしたフルーツをボウルの内側全体に貼り付ける。

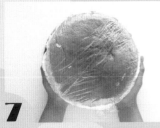

6

ホイップクリームを、すき間をうめるようにぬり、6等分にした**3**をしきつめる。

ホイップクリーム
適量

7

残りのフルーツとホイップクリームを中に入れ、**3**の残りをかぶせてラップをし、冷蔵庫で60分冷やす。

ホイップクリーム
適量

冷蔵庫 60分

カラフルできれい。ボクにもできるかな？

ちがうフルーツをとなり同士に並べるのがポイントだよ

型から外すときはワクワクするんだ

アニマル
クラッカー

材料をどんどんのせるだけ

鼻はチーズの
先っぽにつけて
かわいくね

準備するもの

包丁、まな板、ピンセット

材料（作りやすい量）

・サラミ（直径約 1 cm）… 1 本
・クラッカー… 6 枚
・プロセスチーズ… 6 個
・黒ごま…18 粒

黒ごまが目と鼻になるんだね

のせ方を変えると表情が変わるよ

個性が出て面白いんだ

形を作る

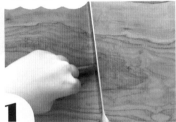

1

サラミを、3mmの厚さで12枚スライスする。

サラミ
1本

2

クラッカーにプロセスチーズをのせ、チーズの先から1/3のところに、ピンセットで切りこみを入れる。

クラッカー　プロセス
6枚　　　チーズ
　　　　　6個

3

切りこみを入れた部分に、**1**のサラミを2枚ずつはさむ。

4

写真のように、チーズに黒ごまをのせる。

黒ごま
18粒

ピンセットが
なければ
ハサミでもOK

93

フルーツモンスター

イチゴのベロがかわいさのポイント

20分

赤より
青りんごの方が
モンスターに
見えるよ

準備するもの

包丁、まな板、竹串

材料（作りやすい量）

- 青リンゴ… 1個
- イチゴ…適量
- 松の実…適量
- マシュマロ（約1cm）…適量
- チョコペン…適量

リンゴを切るのが難しそう

ゆっくり切ればだいじょうぶだよ

切った分だけ上手になるんだ

形を作る

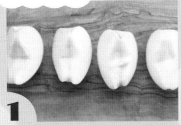

1
リンゴを4等分して、種のある部分（リンゴの芯）を、それぞれ切り落とす。

リンゴ
1個

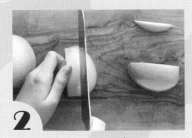

2
1の皮面に、Vの字で切りこみを入れて、その部分を切りとる。

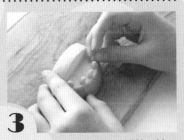

3
2で切りとった部分に、竹串で穴を開けて、松の実を差しこむ。

松の実
適量

マシュマロの
裏にチョコを
つけるのがカギ

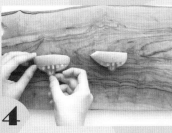

4
イチゴを、3ミリくらいの厚さにうすく切り、1枚ずつ3にのせる。

イチゴ
適量

5
マシュマロを縦に置き、上の面にチョコペンで円をかいて、4にのせる。

マシュマロ
適量

チョコペン
適量

りんか あんな

2011年5月生まれの一卵性双生児。東京都出身。現在小学6年生。3歳のころから遠視と乱視により、矯正用メガネを着用している。トレードマークはパッツン前髪とメガネ。趣味はお料理＆お菓子作り、読書（小説、歴史本、恐竜の本など）、アニメ鑑賞。いまはハムスター飼育にはまっている。特技は運動。りんか、あんなともに英検や漢検に向けても日々勉強中。将来アナウンサーになることが2人（ふたり）の夢。

Instagram @matsuko0621　https://www.instagram.com/matsuko0621
アメブロ https://ameblo.jp/matsuko-official

はじめてでもできる！

小学生がお菓子を作れるようになる本

2024年1月31日　第1刷発行

著者　りんか あんな

発行者　佐藤 靖
発行所　大和書房（だいわ）
　　　　〒112-0014
　　　　東京都文京区関口1-33-4
　　　　03（3203）4511

©2024 Rinka,Anna Printed in Japan
ISBN978-4-479-92169-1
乱丁・落丁本はお取替えいたします
https://www.daiwashobo.co.jp/

STAFF

アートディレクション	細山田光宣
デザイン	山本夏美（細山田デザイン事務所）
イラスト	白井 匠
写真	金子 睦（カバー、人物、P3-9、P50、P88、P90）
	大畑夏穂
DTP	横村葵
	三共美術
編集	藤沢陽子（大和書房）
企画編集	matsuko
	株式会社マーベリック
	（大川朋子　奥山典幸　大畑夏穂）
編集協力	嶋屋佐知子
本文印刷	シナノ印刷
カバー印刷	歩プロセス
製本	ナショナル製本